AF356500

CONGRÈS DE LA PROPRIÉTÉ BATIE DE FRANCE
LYON 1894

SECTION VI

LA CAISSE DES LOYERS

POUR LES OUVRIERS

RAPPORT

PAR

M. GEORGES DELOISON

Avocat à la Cour d'appel de Paris.
Président de l'Union des Chambres syndicales des Propriétés bâties de France.

LYON
IMPRIMERIE & LITHOGRAPHIE DU SALUT PUBLIC
71, Rue Molière, 71

1894

LA CAISSE DES LOYERS

POUR LES OUVRIERS

Le Congrès de la Propriété bâtie ne doit pas négliger les questions qui touchent une catégorie très nombreuse et très intéressante de propriétaires, nous voulons parler *des propriétaires de petites locations faites aux ouvriers.*

Le propriétaire de maisons à petits loyers a une gestion délicate et difficile ; il supporte des frais généraux assez importants et ce serait, il nous semble, un grand soulagement, dont le bienfait pourrait se répercuter sur le locataire, s'il était possible de trouver un moyen pratique de diminuer les lourdes charges qui grèvent ce genre de propriétés.

D'un autre côté, la mission des syndicats de propriétaires ne consiste pas seulement à défendre les intérêts matériels présents et tangibles ; elle est plus élevée et doit tendre à préparer un avenir meilleur pour tous. Au point de vue de la propriété et au point de vue social, *la moralisation de l'ouvrier* est une œuvre qu'il peut être ambitieux de vouloir atteindre, mais qu'il est certainement louable de désirer et de rechercher. Certains ont pensé à constituer *des Cercles*, à y attirer l'ouvrier et à l'empêcher ainsi de se diriger le soir vers le cabaret où il perd et son pécule et souvent sa raison ; d'autres se sont dévoués à *l'œuvre des Crèches*, qui permet aux ouvrières de confier leurs enfants à des gardiennes vigilantes, pendant qu'elles se livrent sans aucun souci à leur travail journalier ; quelques-uns ont réussi à fonder une Société prospère, qui s'occupe de rechercher les unions illégitimes et de leur faciliter les moyens de régulariser des situations irrégulières *(œuvre des mariages).*

La tâche d'amener l'ouvrier à des principes d'économie semble, jusqu'à un certain point, dévolue au propriétaire, d'autant que, ainsi que nous le verrons par la suite de cette étude, en s'employant à ce résultat, le propriétaire n'accomplira pas seulement une œuvre éminemment sociale, mais qu'il servira dans une large mesure, ses propres intérêts.

Pour obtenir ce résultat, les bonnes paroles, les encouragements platoniques ne sont pas suffisants : il faut un attrait matériel qui fasse prendre à l'ouvrier peu à peu *l'habitude*, puis, après l'habitude, *le goût de l'économie.*

Mirabeau disait : « J'appellerai volontiers *l'économie, la seconde providence du genre humain.* » Nos efforts doivent tendre à doter l'ouvrier de cette seconde providence qui ne lui sera pas superflue.

Les livrets de caisse d'épargne, les livrets de caisse de retraite pour la vieillesse, les livrets de sociétés de secours mutuels rendent dans cet ordre d'idées de grands services. Mais *le livret de caisse d'épargne* procure *un intérêt bien peu élevé*; *le livret de caisse de retraite* n'entraîne pas l'ouvrier *par l'appât d'un gain immédiat* et il faut une certaine culture et un effort de raisonnement pour en apercevoir dans le lointain tous les avantages. *Les Sociétés de Secours mutuels* donnent des conpensations plus tangibles au moyen du service médical et des indemnités de chômage; mais elles n'inculquent pas le principe de l'économie, parce que la somme versée est plutôt considérée *comme une dépense à forfait* que comme une réserve. Aussi il nous a paru que la caisse des loyers pour les ouvriers, déjà féconde dans les limites restreintes où elle fonctionne, devait produire des résultats excellents si elle était appliquée d'une façon plus large et plus générale.

Ce qui intéresse tout spécialement le propriétaire d'immeubles de petites locations, c'est le paiement de ses loyers. Il éprouve dans cette administration bien des difficultés et bien des frais. Ce qui constitue la plus lourde charge de ces sortes d'immeubles, ce sont *les pertes sur les loyers, les frais d'expulsion, les menues réparations* nécessaires lors de chaque changement de locataire, et dans certains quartiers ces changements sont fréquents. Il est évident que s'il était possible de trouver un remède à ces difficultés, un moyen d'amener l'ouvrier à économiser son loyer et par suite à devenir plus *stable dans son habitat*, il y aurait pour ce genre de propriété un dégrèvement important de frais généraux.

D'un autre côté, ce qui constitue la difficulté pour les locataires à petits loyers, c'est l'obligation de verser tous les 3 mois, et en une seule fois, une somme relativement importante. Il faut une vertu presque héroïque aux besoigneux pour mettre paie par paie une pièce de 5 francs dans un coin du tiroir, pour n'y pas toucher jusqu'à l'échéance dans les multiples circonstances où ils sont sollicités de le faire et pour conserver intacte la somme réservée. Il est notoire que les loyers de garni, bien que plus élevés du double, sont payés plus exactement parce qu'ils se paient à la journée et à la semaine. Certains propriétaires l'ont bien compris, et lorsque le terme est échu et non payé, qu'il s'agit d'un ancien locataire, ils autorisent celui-ci à verser par petits acomptes. L'ouvrier paie ainsi somme par somme, mais en retard, se rattrappe difficilement et *ne contracte pas l'habitude de l'économie, le plus riche revenu.*

L'organisation des paiements anticipés dans une caisse des loyers nous parait répondre au double but que nous poursuivons. Permettre à l'ouvrier de s'acquitter, sinon journellement, du moins aussi fréquemment que possible et par petites sommes, au moment où il touche son salaire, stimuler son activité et sa volonté pour mettre son petit pécule hebdomadaire à l'abri de la tentation d'une heure par un dépôt à la caisse des loyers ; encourager ses efforts par une prime, n'est-ce pas mettre à même l'ouvrier de remplir ce que Michel Chevalier appelle *le devoir sacré de l'épargne,* réveiller chez lui l'énergie propre, le sentiment de l'ordre et, par un acheminement nécessaire, les penchants honnêtes et l'amour de ses devoirs.

Certes, il faudra un attrait puissant pour engager l'ouvrier à verser par avance des acomptes sur le terme à échoir, mais cet attrait peut naître si l'intérêt offert est important. L'intérêt donné par les Caisses d'épargne est si minime qu'il n'encourage pas l'ouvrier à se déranger pour aller porter chaque semaine ses petites économies et pour retourner à la fin du terme les retirer. Le seul moyen pratique de l'entraîner est donc d'augmenter le taux de l'intérêt pour les caisses de loyers et de lui faciliter les versements.

C'est ce qu'ont fort bien compris les quelques institutions de ce genre qui fonctionnent régulièrement. La première caisse a été créée en 1846, à Paris, par la conférence de Saint-Sulpice. Dans le quartier Saint-Philippe-du-Roule, une caisse de loyers a été fondée en 1869. Elle donne une prime de 10 0/0 sur chaque versement. Dans d'autres quartiers, par exemple dans le quartier Bonne-Nouvelle, la prime s'élève jusqu'à 20 0/0. Nous devons signaler une innovation heureuse, qui a été imaginée par la caisse des loyers de l'Ile-Saint-Louis. Pour exciter les pauvres gens à faire des économies dès le commencement du terme, la caisse alloue une prime proportionnelle à l'époque du versement. S'il a lieu dans le premier mois, la prime est de 15 0/0 ; dans le second, elle n'est plus que de 10 0/0 ; dans le troisième et dernier mois, elle tombe à 5 0/0. Ce système a parfaitement réussi. Il s'agit là d'œuvres très restreintes, qui prennent peu à peu de l'extension, mais qui, n'ayant ni moyens puissants de publicité, ni sommes importantes à leur disposition, sont obligées de se mouvoir dans un cadre limité.

La caisse des loyers du quartier Saint-Philippe-du-Roule, fondée en 1869, a reçu, la première année, 3,198 fr. de versements et a, par suite, donné des primes s'élevant à 319 fr. 80. En 1891, à cette même caisse, les versements ont atteint 8.744 francs et les primes payées se sont élevées à 874 fr. 40.

Dans l'Ile-Saint-Louis, la caisse des loyers, fondée en 1882, a eu, la première année, 1,550 francs de versements et a payé 155 francs de primes. Dix ans après, en 1892, les versements se sont élevés à 8,000 francs environ et les primes à 793 fr. 40.

Ces expériences ont permis de faire de sérieuses observations sur la partie morale de l'œuvre et de vérifier la vérité de cette maxime d'Emile de Girardin que « *l'extension de l'épargne implique l'extinction de la misère.* » L'ordre, l'économie, la prévoyance sont réveillés dans les familles, ces qualités font renaître les sentiments honnêtes et engen_ drent l'accord et la paix dans les ménages. Au lieu de voir l'ouvrier mobile et changeant, quittant à chaque instant son logis comme un nomade et finissant par se réfugier dans des garnis, demeures passagères et ruineuses, qui sont la perte de l'esprit de famille, il devient plus stable, plus rangé, plus prévoyant, et les résultats de ces expériences ont été tels, qu'à côté de la caisse des loyers, il a fallu créer une caisse des économies pour recevoir le surplus de ce que l'ouvrier mettait de côté, le conserver avec un intérêt plus minime jusqu'à ce qu'il arrive à une somme assez élevée pour permettre l'achat d'un quart de Ville de Paris ou d'obligation communale. Le goût de l'économie est né et ne dispa- raîtra plus. Dans les maisons où fonctionnent les caisses de loyers, les changements de locataires deviennent excessivement rares, les locaux sont occupés pendant 10 ans et plus sans aucune mutation, les loyers sont versés régulièrement. Le propriétaire possède un immeuble dont le recouvrement des loyers est aussi certain et aussi exact que dans les propriétés les mieux habitées ; et l'ouvrier, devenu capitaliste, apprend les vertus modestes et persévérantes qui sont la source la plus abondante, la plus générale et la plus sûre de la fortune.

Voyons maintenant *quel est le mode pratique employé par ces diverses institutions ?* Il est assez simple et copié du reste sur celui en usage dans les sociétés de secours mutuels.

A jour et heures fixes, de préférence le samedi soir ou le dimanche matin de chaque semaine, le jour même ou le lendemain de la paye, dans un local du quartier déterminé, l'ouvrier peut verser une petite somme de un franc ou un multiple d'un franc. Les versements sont inscrits sur un livret à son nom (1), livret qui reste entre les mains du locataire et qu'il représente chaque fois qu'il opère un versement. En outre, les versements sont inscrits séance tenante sur *un livre de caisse* qui est entre les mains du représentant du Syndicat (2). Ils sont enfin reportés sur un grand livre imprimé au compte spécial de chaque déposant (3). Le dimanche qui précède l'échéance du terme, le repré- sentant de la caisse des loyers a dû faire le total de chaque compte spécial et y ajouter la prime. Une quittance, soit partielle, soit totale, égale au montant du crédit, est remise à l'ouvrier par le représentant de la caisse des loyers. Le compte est apuré, le locataire met sa signature sur la colonne des remboursements, les versements sont rayés sur les livres et un nouveau compte est ouvert pour le nouveau trimestre qui

---

(1) Voir à l'Annexe le modèle nᵒ 1.
(2) Voir à l'Annexe le modèle nᵒ 2.
(3) Voir à l'Annexe le modèle nᵒ 3.

commence. Dans les maisons où les concierges ont une certaine instruction et de l'intelligence, il serait possible de simplifier encore le mode de versement. La concierge aurait un registre à souche et délivrerait des quittances arrachées de la souche pour chaque versement, en inscrivant le montant du versement à la souche et la date ; le jour de l'échéance, il n'y aurait qu'à contrôler les quittances rapportées avec la souche et à établir le compte des primes.

Le calcul est des plus simples. Chaque dépôt d'un franc dans le premier mois donne, avec la prime, 1 fr. 15 à raison de 15 0/0 ; chaque dépôt d'un franc dans le second mois produit avec la prime 1 fr. 10 et chaque dépôt dans le troisième et dernier mois donne 1 fr. 05. Si bien que, si nous supposons une famille d'ouvriers qui a un loyer de 400 fr. par an, soit 100 francs par terme, et qui ait déposé 10 francs par semaine dans le premier mois, soit 40 francs, 30 francs dans le second mois et 20 francs dans le troisième, elle aura effectivement versé 90 francs et recevra une prime de 6 francs pour les versements du premier mois, 3 francs pour les versements du second mois et 1 franc pour les versements du troisième mois. En résumé, le versement de 90 francs, échelonné sur trois mois et renouvelé chaque trimestre, aura produit dans l'année une prime de 40 francs, qui diminuera son loyer et représentera plus d'un mois de loyer gratuit.

L'honorable directeur de la Chambre syndicale des propriétés immobilières de la Ville de Paris nous a même suggéré la pensée de fixer d'une façon plus saisissante, et pour ainsi dire plus précise, l'avantage alloué au locataire inscrit à la caisse d'économie. Au lieu de lui donner une prime de 10 0/0 ou de 15 0/0, qui ne lui indique pas de suite suffisamment le gros intérêt qui lui est alloué, ce serait de fixer l'intérêt même et de dire que chaque versement donnera 1 0/0 par semaine, ce qui représente clairement 52 0/0 par an. M. Mourgues a établi un barème du calcul des intérêts qui rendrait la tâche facile à l'employé et permettrait le contrôle au locataire. Il en résulterait que le locataire, qui verserait la dixième semaine avant l'échéance du terme, aurait 10 0/0 de son argent pour 2 mois 1/2 ; s'il versait dans la neuvième il aurait 9 0/0 pour 9 semaines, et ainsi de suite, soit exactement 52 0/0 par an de son versement. C'est le système que nous proposerons dans le projet de statuts que nous soumettrons au Congrès (1).

Comme l'œuvre a pour but de faciliter à l'ouvrier les économies nécessaires pour lui permettre d'amasser le montant du trimestre du loyer, il est sage de ne pas l'autoriser à faire de cette facilité une spéculation, en versant de suite et en une seule fois le montant de ce loyer, pour obtenir ainsi d'un seul coup la prime sur la totalité du loyer. Aussi, le

---

(1) Voir Annexe 4.

montant du terme doit être divisé en dixièmes, et l'ouvrier ne peut, chaque semaine, verser plus d'un dixième.

Une autre condition à remplir pour être admis au bénéfice de la Caisse des loyers est d'être un véritable ouvrier. Il ne serait pas possible d'accepter, parmi les locataires déposants, des personnes soit n'ayant par la qualité d'ouvriers, soit ayant un loyer d'un prix trop élevé. Il est évident que le taux du loyer doit varier suivant les villes où la Caisse fonctionnera. A Paris, par exemple, il nous semble que le maximum à fixer serait une location de 400 fr. par an, sauf, pour les cas exceptionnels, comme celui où un ouvrier ayant six à sept enfants aurait un loyer supérieur, le droit pour le bureau de la Caisse des loyers d'admettre cette famille.

Il n'est pas indifférent non plus de bien préciser la nature des versements opérés à la Caisse. Ce sont des paiements anticipés, d'ores et déjà acquis au propriétaire, qui aura chargé le Syndicat d'opérer pour lui les recouvrements. La conséquence de ce principe est double : 1° l'ouvrier n peut plus retirer l'argent par lui versé ; 2° un tiers créancier de 'ouvrier ne peut utilement former une saisie-arrêt.

La partie financière n'est pas la moins délicate à traiter. Certes, une telle œuvre, lorsqu'elle aura pris de l'extension, nécessitera une quantité importante de fonds disponibles pour faire face tous les trimestres au paiement des primes.

Quel sera le mode à employer pour trouver ces sommes nécessaires ?

Le Syndicat des propriétaires de chaque ville ne pourrait, sans danger pour sa vitalité, prendre à sa charge ces dépenses. Il pourrait seulement faire le service gratuit de la comptabilité au moyen de son personnel. L'avantage que le Syndicat retirerait serait tout d'abord la cotisation des propriétaires de ces immeubles de petite location. Une des conditions imposées, pour que les locataires jouissent de la faveur de la Caisse des loyers, serait que leur propriétaire fût syndicataire. Le Syndicat pourrait même demander aux propriétaires d'immeubles de petite location syndiqués de participer dans la dépense de la prime proportionnellement aux loyers touchés par eux. Nous voyons que le Syndicat de Lyon se charge du recouvrement des locations moyennant 1 %, 1,50 %, 2 % et 5 %, suivant la catégorie des immeubles. Il nous semble que le taux de 5 % est, à raison de la catégorie de ces immeubles et des avantages pour le propriétaire, un taux raisonnable.

Ajoutons que le propriétaire de petites locations ayant un intérêt matériel, non seulement à être payé régulièrement, mais encore à conserver ses locataires, obtiendrait par ce moyen une diminution de frais généraux représentant environ 10 % du prix du loyer, 10 % qu'il pourrait consacrer en partie au paiement de la prime.

Enfin, il est certain que les sommes versées en acompte par les locataires ne resteraient pas improductives et qu'il serait sans doute possible, en raison du but poursuivi, d'obtenir d'une de ces maisons de banque, qui ont des succursales dans chaque quartier, comme le Crédit Lyonnais ou la Société Générale, d'avoir un taux de l'argent plus rémunérateur que d'après l'usage, sous la condition de ne retirer les sommes déposées que quelques jours avant l'échéance du terme.

Mais il ne faut se faire aucune illusion et tous ces bonis ne compenseront sans doute pas les sommes absorbées pour le paiement des primes. En effet, il résulte des calculs qu'il est facile de faire en prenant pour base les essais précités, que les primes représentent environ 10 % des sommes versées. Les éléments ci-dessus énumérés ne pourraient évidemment fournir une somme suffisante pour faire face au paiement des primes.

Quel est donc le moyen employé par les petites caisses de loyers actuellement existantes ? Ce sont les dons volontaires.

Au reste, comment certaines Sociétés de secours mutuels peuvent-elles prospérer, comment peuvent-elles vivre ! C'est grâce au concours des membres honoraires qui apportent leurs cotisations sans rien demander à la Société. Ainsi concourent au même but l'épargne de l'ouvrier et la libéralité du riche. C'est, il nous semble, la plus belle alliance du capital et du travail et le secours apporté n'est que la juste récompense de l'énergie développée par l'ouvrier pour faire face à ses engagements. C'est une rémunération plus élevée de son économie, parce que celle-ci est plus difficile et plus méritoire. La dignité de l'un n'a donc pas à souffrir de la générosité de l'autre et tous deux, mis en contact, peuvent arriver à se connaître et à s'apprécier.

Les dons volontaires ne viennent pas d'eux-mêmes, il faut les appeler. C'est ici où le rôle de la femme nous paraît tout indiqué. Jusqu'ici la femme propriétaire a bien payé sa cotisation, mais n'a pas eu l'occasion d'employer au profit du syndicat son activité, sa force persuasive si bien utilisées dans toutes les œuvres de charité. C'est une pensée qui a déjà été exprimée par un honorable membre du Conseil d'administration de la Chambre syndicale de Paris, M. Dufour, pensée dont nous demandons la mise en pratique.

Aussi croyons-nous qu'il y aurait lieu de constituer un Comité de Dames patronnesses, qui déploieraient ce grand fonds de zèle et de dévouement avec lequel elles arrivent à de si beaux résultats en matière de bienfaisance. Par des quêtes, des ventes, des loteries, des messes en musique, elles obtiendraient chaque année des fonds importants pour l'allocation des primes. Elles trouveraient des adhérents à leur œuvre charitable, qui s'engageraient à payer chaque année des cotisations fixes, destinées à la Caisse des loyers, cotisations fixes qui permettraient à l'œuvre d'être assurée d'un certain fonds de roulement. Quel artiste, quel prédicateur, quel conférencier refuserait son concours pour la propagation et la réussite d'une œuvre aussi utile et aussi morale !

La prudence commandera à la Caisse des loyers de n'admettre de locataires que dans la proportion et au fur et à mesure de ses ressources assurées. Chaque année le nombre des admis pourra augmenter avec les ressources ; mais, pour que l'œuvre soit durable et dès le début ne faillisse pas à ses promesses, il faudra qu'elle limite ses efforts proportionnellement à l'état de ses finances. En marchant ainsi sagement, elle ne devra pas manquer de se développer et d'arriver à l'extension que son but mérite.

Avant de clore ce trop long rapport, nous ne pouvons résister au plaisir de citer le commentaire de la devise qui autrefois a été prise, à ses débuts, devant les quelques familles assemblées pour cette œuvre :

« Souvenez-vous, leur disait-on, de ce mot proverbial et si joli : *Petit*
« *à petit, l'oiseau fait son nid*. Imitez l'oiseau ; tantôt il apporte
« quelque petite branche et tantôt un petit brin d'herbe ; et puis un peu
« de laine, de duvet ou de mousse ; jour à jour l'œuvre suivie se façonne,
« arrive à sa fin. Vous aussi, faites votre nid, le lit de votre couvée,
« afin d'y reposer vos nuits et de chanter joyeux quand vient le jour. »

Ne sent-on pas à ce style d'églogue, à ce souffle si patriarcal une certaine fraîcheur, une grande détente ; n'a-t-on pas un avant-goût des plaisirs de l'ouvrier, si fier d'avoir ainsi sagement travaillé à sa quiétude et à celle des siens ?

Dans l'état social où nous vivons, avec, d'un côté, les méfiances injustes de la classe ouvrière pour le possesseur, et avec, de l'autre, les tendances généreuses et légitimes qui nous passionnent et nous invitent tous à rechercher le moyen d'améliorer le sort de chacun en lui laissant sa part de dignité, de responsabilité et de mérite, il est nécessaire de démontrer au peuple que le capitaliste, le propriétaire, le patron ne sont pas indifférents à son sort, que le moyen d'acquérir l'aisance est entre ses mains et que son élévation dans la société dépend de sa conduite, de ses principes d'économie et de respect pour la famille.

Corneille n'écrivait-il pas déjà :

L'épargne est nécessaire à qui veut s'agrandir

et, sous une forme plus moderne et plus philosophique, E. de Girardin a dit avec raison :

« *L'économie est chose prosaïque et qui ne séduit pas l'imagi-*
« *nation, mais c'est par l'économie que le peuple s'est successi-*
« *vement émancipé*. La Liberté, fille du Travail, se développe par
« l'épargne. »

Nous terminons sur cette sage pensée, parce qu'elle indique une voie légale et sûre pour permettre à l'ouvrier de s'élever honorablement dans la hiérarchie sociale.

En conséquence, nous avons l'honneur de soumettre au Congrès le projet de Statuts suivant :

PROJET DE STATUTS

DE LA CAISSE D'ÉCONOMIE POUR LES PETITS LOYERS

ARTICLE PREMIER.

Il est formé sous la dénomination de *Caisse d'Economie pour les petits Loyers*, entre le Syndicat des propriétaires de . . . . et toutes les personnes qui remplissent les conditions requises pour être sociétaires et qui ont adhéré ou adhèreront aux présents statuts, une association ayant pour but *de faciliter aux petits locataires dont le loyer est inférieur à . . . . . l'économie des sommes nécessaires pour le paiement de leurs loyers et de les y encourager par le versement d'une prime.*

ARTICLE 2.

Le Syndicat des propriétaires de . . . . apporte à la Société l'engagement de fournir *gratuitement* le personnel suffisant pour 1° recevoir les différentes sommes devant être versées à l'asssociation, soit comme paiements anticipés sur les loyers, soit comme tant pour °/₀ abandonné par les propriétaires adhérents, soit comme cotisations, ou pour tout autre cause ; 2° placer les capitaux reçus ; 3° les retirer des caisses où ils auront été déposés ; 4° et verser entre les mains des propriétaires le montant total ou partiel des loyers aux échéances ; en un mot le personnel suffisant pour faire le service de trésorerie en recettes et dépenses de l'association. Toutefois, au cas où cette obligation serait jugée trop onéreuse par la chambre syndicale, elle pourrait s'en affranchir en abandonnant à la caisse des loyers la moitié de la cotisation versée au syndicat des propriétaires par chaque membre participant à la caisse des loyers.

ARTICLE 3.

Les autres membres de la présente société se composent : 1° de membres participants : 2° de membres honoraires. Les membres participants sont les propriétaires d'immeubles de petite location qui remplissent les conditions suivantes : 1° Faire partie du Syndicat des propriétaires de . . . . . 2° Etre agréé par le Conseil de la Caisse d'Economie ; 3° Abandonner à la Caisse un tant °/₀ sur les sommes qui, à la fin de chaque trimestre, lui seront versées par la Société.

ARTICLE 4.

Les autres membres de la Société sont des membres honoraires, ils ne sont soumis à d'autres obligations que d'être agréés par le Conseil et de verser une cotisation annuelle minima de 5 francs.

Les membres honoraires qui auront versé une somme minima de 500 francs seront inscrits comme membres donateurs et dispensés du versement annuel.

ARTICLE 5.

Le nombre des membres participants ou honoraires est illimité ainsi que la durée des adhésions ; toutefois chaque sociétaire sera libre de se retirer après avoir payé la cotisation de l'année courante.

L'année sociale commence le 1er janvier.

La retraite au cours d'une année commencée ne le dispense pas de sa cotisation annuelle ou de sa participation jusqu'à la fin de l'année sociale.

La cotisation est toujours due par avance, à partir du mois de l'entrée dans la Société et ce pour une année entière, même si l'année sociale est déjà commencée.

Les adhérents ne seront jamais tenus, à quelque titre que ce soit, au paiement d'aucune autre somme que le montant des cotisations annuelles pour les membres honoraires et l'abandon du tant pour °/₀ des sommes versées pour les participants. Le Syndicat des propriétaires de . . . . n'est tenu à rien autre qu'au service gratuit de la *comptabilité et des perceptions et versements*.

Les dépenses annuelles ne doivent jamais excéder les sommes dont la Société peut disposer.

ARTICLE 6.

Le fonds social se compose :

1° Des intérêts des sommes versées, lesquelles doivent être déposées par les soins de l'agent du Syndicat dans *une maison de banque* accréditée par le Conseil ;

2° Des tant pour °/₀ abandonnés par les propriétaires participants ;

3° Des cotisations des membres honoraires ;

4° Des subventions qui peuvent être accordées ;

5° Des dons volontaires, produits de quêtes, bals, concerts, sermons et libéralités qui peuvent être faites à la Caisse d'Economie.

ARTICLE 7.

L'association est administrée gratuitement par un Conseil composé de . . . . membres : un Président, deux Vice-Présidents, un Secrétaire, un Trésorier-Censeur et . . . . Administrateurs nommés par l'Assemblée générale.

Le Président est nommé pour 5 ans, les autres membres du bureau pour 3 ans. Les Administrateurs seront renouvelés par tiers chaque année en Assemblée générale. Le sort désignera ceux des membres qui devront sortir à la fin de la première année et de la deuxième année. Le roulement sera alors établi.

Les membres sortants pourront être réélus.

En cas de décès ou de démission d'un des membres dans le cours de l'année, le Conseil est autorisé à remplacer lui-même ce membre, sauf à faire ratifier son élection par la prochaine Assemblée générale.

Le premier Conseil de la Société sera nommé par les membres fondateurs de la dite société et ce immédiatement après l'adoption par eux des statuts.

ARTICLE 8.

Le Président représente la Société partout où il est nécessaire.

Il convoque et préside les réunions du Conseil et les Assemblées générales ordinaires et extraordinaires, il dirige les discusssions et a la police des séances.

Il rédige les ordres du jour de chaque séance et fait exécuter les décisions du Conseil.

Les Vice-Présidents assistent le Président et le remplacent en cas d'absence. Le plus ancien nommé et, en cas de simultanéité de nomination, le plus âgé a la priorité.

Tous les pouvoirs nécessaires pour diriger et administrer la Société sont conférés au dit Conseil et sont exercés en son nom par le Président.

Le Président, par suite, a qualité et pouvoir pour représenter la Société en toutes choses, dans toutes les actions judiciaires ou autres dirigées contre elles ou à exercer en son nom.

ARTICLE 9.

Le Secrétaire rédige et lit les procès-verbaux des séances du Conseil et des Assemblées générales.

Il surveille la transcription sur un registre spécial des procès-verbaux des séances, lesquels doivent être signés et paraphés par le président et le secrétaire.

Il est chargé des convocations et de la correspondance.

ARTICLE 10.

Des bureaux de section pourront être créés dans les différents quartiers de . . . . . avec le concours d'un comité de Dames patronnesses dont il sera ci-après parlé.

Le Conseil devra élaborer un règlement intérieur pour tous les détails de l'administration.

Article 11.

Le Conseil d'administration se réunira régulièrement tous les trois mois, les 1er lundi de janvier, avril, juillet et octobre ; chaque fois qu'il sera jugé utile, le Conseil sera convoqué par le Président en séance extraordinaire.

Le Conseil examine et instruit toutes les affaires et toutes les propositions à lui présentées ; il statue sur la suite à leur donner ; il est chargé de statuer sur toutes les question d'administration, de recettes, de dépenses, d'acceptation de sociétaires, sur tous traités à passer, toutes transactions à faire, sur toutes poursuites en demande ou en défense, en un mot sur tout ce qui concerne l'administration de la Société et rentrant dans le but de celle-ci.

Les décisions sont prises à la majorité absolue des membres présents, à la condition qu'ils soient au minimum 5. En cas de partage, la voix du Président est prépondérante.

Les délibérations peuvent être votées à mains levées, ou au scrutin secret s'il est demandé par trois membres au moins.

Toute délibération prise sera immédiatement exécutoire.

Le Conseil pourra nommer un employé salarié qui sera chargé de toute la besogne matérielle de la Société.

Article 12.

Soit dans les assemblées générales, soit dans les séances du Conseil, toute discussion politique, religieuse ou étrangère au but que poursuit l'association est formellement interdite.

Article 13.

Une assemblée générale ordinaire aura lieu, chaque année, dans le courant de mai et des assemblées générales extraordinaires pourront avoir lieu, s'il est besoin, à toute autre époque de l'année, le tout sur convocation du président du Conseil, quinze jours à l'avance. Les convocations pour les Assemblées extraordinaires ne pourront avoir lieu qu'après avis du Conseil.

Les sociétaires ne pourront se faire représenter que par des mandataires sociétaires eux-mêmes. Chaque sociétaire ne pourra avoir plus de deux procurations.

L'Assemblée générale délibère sur les questions mises à l'ordre du jour. Elle délibère également sur les propositions soumises à l'Assemblée sur l'initiative du Conseil, ou sur des propositions émanant d'un ou de plusieurs adhérents, soumises préalablement au Conseil et admises par lui à être discutées.

Ces propositions devront être déposées au Siège social, cinq jours, au moins avant la réunion d'avril du Conseil d'administration.

ARTICLE 14.

Les Assemblées générales sont composées :

1º Du Conseil d'administration ou Chambre syndicale des Propriétaires de . . . . . .

2º Des propriétaires participants ;

3º Des membres honoraires ;

L'ordre du jour des assemblées générales ordinaires comprend :

1º La lecture du procès-verbal de la séance précédente ;

2º Le compte rendu des travaux pendant l'exercice écoulé ;

3º Le rapport par le trésorier de l'État de la situation financière avec l'approbation des comptes ;

4º Le renouvellement par tiers du Conseil conformément aux présents statuts ;

5º Toutes les questions portées régulièrement à l'ordre du jour.

Les délibérations des assemblées générales ordinaires et extraordinaires seront valables quel que soit le nombre des membres présents et représentés, sauf dans les cas ci-après énoncés.

Les délibérations seront prises à la majorité des voix.

Le Syndicat des Propriétaires de . . . . . sera représenté dans ces assemblées générales par sa Chambre syndicale ou Conseil d'administration, dont chaque membre aura droit à une voix.

Les copropriétaires d'un même immeuble n'auront droit qu'à une voix.

Chaque membre honoraire aura droit à une voix.

ARTICLE 15.

Le fonctionnement de la Société sera le suivant :

Le Conseil d'administration agréera les membres honoraires et les membres participants soit directement, soit sur la proposition de chaque section.

La Chambre syndicale des Propriétaires de . . . . sera avisée de cet agrément.

Le Conseil d'administration aura aussi à statuer sur les propositions d'inscription de chaque locataire comme ayant droit au bénéfice de la Caisse d'Economie.

Il pourra déléguer ses pouvoirs sur ces différents chefs à chaque section.

Le Conseil, ou la section à laquelle délégation aura été faite, devra prendre en considération le taux des loyers, le nombre d'enfants, les charges du locataire et sa profession.

Le Conseil d'administration fixera, pour chaque propriétaire participant, le tant pour 0/0 qui sera retenu sur les sommes qui lui seront versées.

Le Conseil pourra, par exception, admettre au bénéfice de la Caisse d'Economie un locataire n'ayant pas loué dans l'immeuble d'un participant.

Des livres à souche seront délivrés à chaque concierge d'immeubles de participant, avec la liste des locataires admis à la Caisse d'Economie.

Chaque locataire admis pourra verser à la concierge des acomptes sur le loyer, mais au minimun 1 franc par acompte et au maximum 1/10 du trimestre par semaine, lequel ne peut excéder 10 francs.

La concierge délivrera un reçu extrait du registre à souche. Les sommes ainsi versées sont des paiements anticipés qui ne peuvent être retirés par le locataire et sont insaisissables.

La Chambre syndicale pourra, du reste, après avis du Conseil, employer un autre mode de perception.

Une fois par semaine le représentant de la Chambre syndicale passera dans les différentes propriétés des participants ou à des lieux déterminés et recevra l'argent versé. Dans la semaine qui précédera la réunion du Conseil d'administration, il établira le compte de chaque locataire inscrit, en ajoutant aux sommes reçues une prime équivalente au moins à 1 °/₀ par semaine d'intérêt pour le locataire et qui pourra être plus élevée si le Conseil d'administration le décide en raison des ressources de la Société.

Le représentant de la Chambre syndicale, auquel le propriétaire participant aura remis la quittance du loyer, touchera le trimestre en tenant compte au locataire et des sommes reçues et de la prime acquise.

Le montant du loyer, déduction faite du tant pour cent, sera remis au propriétaire participant.

Dans le cas où le terme ne serait pas complètement soldé, la Chambre syndicale se chargerait de toucher les acomptes arriérés, en cas d'entente avec le propriétaire qui accorderait terme et délai.

ARTICLE 16.

A chaque trimestre un règlement aura lieu entre la Chambre syndicale et la Caisse de loyers.

A la fin d'une année sociale, l'excédent, s'il y a lieu, sera reporté au compte de l'année suivante. Si le Conseil juge l'excédent trop important, il pourra l'employer en rente 3 °/₀.

ARTICLE 17.

Il sera créé dans chaque section un Comité de Dames patronnesses, choisies parmi les membres honoraires ou participants.

Le nombre des membres de ce Comité sera fixé par chaque section.

Le Comité constituera un bureau et fera un règlement intérieur qui devra être approuvé par le Conseil d'administration.

La mission du Comité des Dames patronnesses consistera : 1° à recruter des adhérents, soit propriétaires participants, soit membres honoraires ; 2° à faire de la propagande auprès des petits locataires pour les amener à se faire inscrire à la Caisse d'économie ; 3° à augmenter les ressources de la Société au moyen soit de quêtes, soit de fêtes de charité, concerts, bals, sermons, conférences, kermesses.

A chaque trimestre, le représentant du Comité des Dames patronnesses rendra compte, au Conseil de chaque section, de la situation morale et matérielle, et remettra au représentant de la Chambre syndicale les sommes encaissées.

Article 18.

Il sera prélevé sur le montant de toutes les sommes encaissées, soit pour cotisations, soit pour dons volontaires, 5 % pour constituer un fonds de prévoyance destiné : 1° à faire face à un déficit imprévu, dans le cas où il existerait ; 2° à distribuer tous les ans, lors de l'Assemblée générale, une prime d'honneur aux locataires qui auront le plus régulièrement versé à la Caisse des loyers ; la désignation en sera faite par le Conseil sur la proposition de chaque section.

Article 19.

Le siège social est fixé à. il pourra être changé par un vote de l'Assemblée générale.

Les réunions soit du Conseil, soit de l'Assemblée générale pourront avoir lieu dans un autre endroit.

Article 20.

Les présents statuts peuvent être modifiés et complétés par l'Assemblée générale extraordinaire, sur la proposition du Conseil et avec l'assentiment de la Chambre syndicale.

Article 21.

La durée de la Société est illimitée.

La dissolution pourra être prononcée sur la proposition de la majorité du Conseil soumise à l'Assemblée générale. Dans ce cas, la réunion devra être composée d'au moins le cinquième des adhérents et la proposition être adoptée à la majorité. Toute autre réunion subséquente devra remplir les mêmes conditions.

Article 22.

Le Conseil est chargé de faire approuver les présents statuts par l'autorité administrative, conformément à la loi, et à poursuivre la reconnaissance de la Société comme Société d'utilité publique.

Georges DELOISON,

Avocat à la Cour d'appel de Paris ; Président des Chambres
syndicales des Propriétés bâties de France.

Annexe N° 1.

MODÈLE N° 1

LIVRET

Caisse d'économie pour les petits Loyers

————⛌————

Livret N° ________________________________

Délivré le ________________________________

Nom ________________________________

Age ________________________________

Demeure ________________________________

Profession ________________________________

Loyer annuel ________________________________

Deuxième page du livret et suivantes :

Livret N° _____________ M _____________

DATES	VERSEMENTS	PRIMES	RENDEMENT	SIGNATURES

Annexe N° 2.

MODÉLE N° 2

LIVRE DE CAISSE

NUMÉROS DES LIVRETS	DATES	NOMS	SOMMES REÇUES	TOTAUX DES SOMMES REÇUES	PRIMES	SOMMES REM-BOURSÉES

Annexe N° 3.

MODÈLE N° 3

Livret N° _______________ *Loyer annuel* _______________

DATES	DÉSIGNATION	CRÉDIT		DÉBIT	
		Sommes reçues en dépôt	Totaux des sommes reçues avec les primes	Sommes remboursées	Totaux des sommes remboursées

Annexe 1.

CALCUL DE L'INTÉRÊT

Pour un dépôt de 5 francs par semaine

Semaines avant le terme		Capital et intérêts
10e Semaine	10 %	5 50
9e —	9 %	5 45
8e —	8 %	5 40
7e —	7 %	5 35
6e —	6 %	5 30
5e —	5 %	5 25
4e —	4 %	5 20
3e —	3 %	5 15
2e —	2 %	5 10
1re —	1 %	5 05

Un barème peut être facilement établi.

15.414 — Imp. Salut Public, rue Molière, 71.

www.ingramcontent.com/pod-product-compliance
Lightning Source LLC
LaVergne TN
LVHW011014180726
843502LV00007B/2527